PARIS L'ÉTÉ.

LE JARDIN MABILLE

PAR

AUGUSTE VITU.

Illustré de 50 Dessins, Portraits et Caricatures.

PARIS

CHEZ P. MARTINON, ÉDITEUR,

RUE DU COQ-SAINT-HONORÉ, 4.

1847.

PARIS L'ÉTÉ.

JARDIN MABILLE.

PARIS L'ÉTÉ.

LE JARDIN MABILLE

PAR

AUGUSTE VITU.

Illustré de 50 Dessins, Portraits et Caricatures.

PARIS

CHEZ P. MARTINON, ÉDITEUR,

RUE DU COQ-SAINT-HONORÉ, 4.

1847.

PARIS L'ÉTÉ.

LE
JARDIN MABILLE.

PRÉLIMINAIRES.

aris renferme dans son sein un monde tout à fait singulier, qui n'est ni l'aristocratie, ni la finance, ni la politique, ni la littérature, ni ce qu'il y a de bien, ni ce qu'il y a de mal, mais qui est tout cela, entre le ziste et le zeste, très-spirituel parfois, très-ridicule souvent, bon enfant et sans préjugés, comme tout ce qui est égoïste, sectateur profond d'Epicure, et accomplissant le plaisir avec toute la rigueur du devoir.

Ce public d'élite, femmes de beauté ou d'élégance, dandies, journalistes et poètes, Ninons et Marions, petits Faublas et petits Laclos, gens de plaisir et pourtant de labeur, se presse à toutes les fêtes, se brûle à toutes les lumières, remplit les stalles aux soirs de premières représentations, et les tribunes les jours de courses ; avide d'émotions nouvelles, il est l'agent le plus civilisateur et le plus corrompu d'une civilisation corrompue ; il patrone tout ce qui est nouveau, tout ce qui est jeune, tout ce qui est hardi, nouveau, bizarre, extravagant.

Il a des mœurs à lui, un langage à lui, des habits à lui, un Paris à lui. Il n'est ni gênant ni exclusif, et cependant, quand il fait irruption quelque part, tout se retire et tout lui cède. Il est maître partout, parce que chez les autres il est facilement chez lui. Il faut qu'il marche, qu'il remue, qu'il coure, qu'il saute, qu'il se rue, de même qu'il se vautre. Il aime la vie en commun, à découvert, n'importe où, sous les ardentes lueurs des lustres comme sous la pâle clarté des étoiles; il est un peu cynique, et se déshabillerait volontiers dans la rue. Le lundi, il est à la Chaumière, le mardi à Mabille, le mercredi à Enghien, le jeudi au Ranelagh, le vendredi à l'Opéra, le samedi au Château-Rouge, et le dimanche nulle part. Il dîne à minuit, et déjeune à cinq heures du soir.

Les bourgeois l'ignorent, l'Etat le protège, et le peuple le hait. Il a ses créatures, ses rois, ses généraux, ses hétaïres, ses sultanes et ses muets. Il est grand seigneur et vagabond, magnifique et ruiné. Il est infertile et se dévore lui-même. Il a des désirs et point de passions ; il s'enthousiasme follement et se désenchante de même. Il a son champ de bataille et ses victimes ; mais jamais personne ne se baisse pour enterrer les morts.

Mélange unique et suprême effort d'une so-

ciété qui tombe en poussière, il a les teintes
chaudes, les parfums enivrans et la profonde mé-
lancolie des couchers du soleil.

Nous allons le trouver dans toute sa splendeur
au jardin Mabille, le plus magnique des Eldorados
ouverts à ce beau carnaval parisien, à ce vrai
carnaval sous le ciel bleu, qui commence avec la
première feuille et finit avec la première neige.

On trouve là tout l'esprit, toute la grâce, tout
l'imprévu et la liberté du bal masqué ; car, hommes et femmes, femmes aimables, hommes spi-
rituels ou riches, tout le monde se connaît, s'aime, s'admire et se comprend ; on s'amuse plus,
parce que les femmes laides n'y sont point mas-
quées, et n'ont plus aucun prétexte pour s'accro-
cher aux bras des jeunes gens ; parce que les gar-
çons tailleurs ivres ne peuvent s'y faire passer
pour des gentilshommes qui s'encanaillent ; et
puis enfin parce que les étoiles du bon Dieu et
les charmilles, demeures des hamadryades, valent mieux que le gaz et que les toiles de Cicéri.

INTRODUCTION.

rois francs par cavalier.

Une mise décente n'a pas de succès.

Dites-moi, je vous prie, ce que c'est qu'une mise décente ? Rien n'est plus fallacieux. Voulez-vous une définition ?

Une mise décente est celle qui tient strictement couvertes toutes les parties du corps. Le Romulus de David n'a pas une mise décente.

Un pantalon de velours, une veste de velours, un gilet rouge, une cravate bleue et une casquette de loutre, voilà, certes, une mise décente... de commissionnaire.

Donc, une mise décente n'est pas de rigueur.

L'ENTRÉE.

'est un portique illuminé qu'illustrent, par divers groupes pittoresques, de jeunes gaspaillous, vendeurs d'allumettes, décrotteurs, grooms et valets de pied au choix. A droite, le bureau; à gauche le vestiaire. Puis, une grande allée de verdure qui prolonge le mur, et qui mène soit au centre du bal, soit à la salle couverte, ou même au bureau de police... plus tard, si l'on a marché

sur les pieds de la morale publique. Ce pèlerina-
ge suprême s'exécute sur les indications d'un
contrôleur - huissier - inspecteur des mœurs,
dont nous livrons plus loin l'image à la postérité.

LE JARDIN.

utrefois le jardin Mabille était un simple bout de parc, bien vert et bien agreste, faiblement éclairé par d'humbles becs de gaz. La société, quelquefois élégante, était un peu bien

mêlée ; les dames en bonnets n'étaient pas ad-
mises ; mais aussi que de
chapeaux à prohiber, que
de bibis bleus attaqués de
jaunisse, que de capotes
de paille propres à usage
de chaise ! et pour un vrai
chapeau de forme sérieuse
et admissible, que de tour-
tes, que de vol-au-vent,
que d'éventaires, que de poêles à frire et que de
demi-melons !

Un jour, la foule vint ; et de même que Louis
XIV dit en frappant du pied une colline aride :
Que mon Versailles soit ! de même la foule s'é-
cria : C'est ici mon domaine !

Intendans magnifiques et prodigues, les frères
Mabille ont satisfait mieux que le désir du public ;
ils ont réalisé son rêve. Ils ont jeté bas les lan-
ternes à gaz, les palmiers de ferblanc et le petit
orchestre à balustrade verte, et la petite salle à

murs jaunes illustrés de Fragonards peints par un élève de Bidault.

Ils ont fait venir les plus ingénieux, les plus hardis artistes de Paris; ils leur ont jeté 200,000 francs, et voici ce que Fugère, ce que Plantard et ce que Bouillier ont fait :

Au milieu du rond-point bitumé, macadamisé et sablé réservé à la danse, s'élève un pavillon chinois dont le toit transparent élève à la hauteur des arbres son phare multicolore. C'est là qu'habitent M. Pilodo et son orchestre. M. *Pilodo* s'appelait autrefois *Pilaudo*. Pourquoi cette métamorphose? Serait-ce parce que Pilaudo contient un mauvais calembour? Il est impossible que ce musicien distingué se soit laissé influencer par des considérations aussi mesquines.

Autour du rond-point sablé s'enroule une allée

tournante qui, semblable à un anneau de serpens entrelacés, pousse de ci, de là, des tronçons sous forme de sentiers couverts et d'allées mystérieuses se perdant dans la profondeur des bosquets. Sur le parcours de cette ligne, qui est le boulevard de Gand du Jardin, se développe avec une magnificence incroyable une guirlande de vigne dorée en plein or, qui se relie et se contourne avec d'énormes candélabres figurant les ceps principaux. Éclairée par les feux de cinq mille becs de gaz, cette décoration vraiment princière brille d'une splendeur magique, et complète avec l'aspect inattendu de la salle couverte, garnie de glaces à arabesques d'or et tendue en damas de soie rouge, un spectacle unique et prodigieux.

A la suite de cet immense salon, destiné à protéger la polka contre les intempéries soudaines de l'atmosphère, se trouve le café-divan, grande et rouge fabrique en style mauresque, avec terrasse à jour.

Pour la commodité des fumeurs, on a placé, de distance en distance, des petits becs de gaz propres à allumer les cigarettes. Plus on a de feu, plus on rit.

Des bosquets verdoyans et ombreux remplissent l'espace vide entre le bal et le pavillon du restaurateur, donnant sur l'allée des Veuves. Des billards chinois, un tir au pistolet, des marchands de macarons, un dynamomètre et un jeu de bagues occupent les angles et les carrefours. Il y a même une fontaine monumentale dont les nappes arrosent en s'épandant tout un parterre de fleurs rares et parfumées. Comme on voit, c'est tout une ville.

Au milieu de tout cela, le gaz qui flamboie, le violon qui chante, le trombone qui mugit, les femmes qui gazouillent, la polka qui saute, la

contredanse qui mime, la valse qui tournoie, la
foule qui marche et qui roule, le cigare qui s'en-
vole en fumée, et M. Pilodo qui, du haut de sa
tribune sonore, mène l'escadron des danseurs à
l'assaut du paradis que Terpsichore réserve à ses
élus.

LA PROMENADE.

La foule suit un double courant qui se croise sans cesse sur le sol de ce que nous avons appelé le boulevard de Gand. Quelques curieux, quelques femmes du monde assises sur des chaises de velours devant les baies illuminées de la salle couverte, rappellent l'assemblée assise du café de Paris, mais avec plus d'élégance et de charme. Devant eux défilent, de neuf à onze heures du soir, toutes les célébrités de la fashion ; beaucoup d'impures et des plus belles, beaucoup de pairs de France, peu de pères de famille et un grand nombre de chevaliers, voire même d'officiers de la Légion-d'Honneur. Les grands noms de la danse se tiennent en dedans de l'hippodrome, théâtre de leurs succès. Dès qu'ils se promènent comme de simples mortels sur le sable de la grande allée, c'est qu'ils ont renoncé à la carrière des honneurs pour s'abandonner aux charmes de la vie privée. Voici longtemps déjà que Mogador et Pélagie ne dansent plus.

Un plaisir assez piquant, c'est de recueillir au passage, et sans s'arrêter, tous les propos qui se croisent parmi les promeneurs. Voici la sténographie fidèle de cette conversation tournante :

*** — Timothée, qu'est-ce que vous faites ici ?

— Je fais mon métier de journaliste. On m'a demandé un article sur le jardin Mabille. Je prends des notes ; j'observe.

*** — Pourquoi n'emmènes-tu pas Palmyre?

— Mon cher, elle ne sera pas libre avant le 30 de ce mois. Je soupe avec elle fin courant, sans report.

*** *Un poète.* — Par la sambleu, voilà une bien jolie personne! Madame, permettez que j'allume ma cigarette au feu de vos yeux.

*** — Bonsoir, Gustave, tu arrives?
— Oui ; et toi?
— Moi, je m'en vais.
— Pourquoi ça ?
— Il n'y a pas de veau.

*** *Un vicomte.* — Ma chère, nous avons fait un lansquenet un peu *bath* cette nuit ! J'ai failli perdre quarante-sept louis et demi !

Une lorette. — T'aurais perdu quarante-sept louis, toi? Eh bien! et du pain?

Le poète, à lui-même. — Comme elle lui a bien rivé son clou! la jolie serrurière!

*** *Monologue d'un garde national.* — On m'avait pourtant bien dit que ma femme était ici!

*** — Je ne dis pas que Théodore ne soit pas un charmant garçon, mais c'est une canaille!

— Pourquoi 'ça, Andréane?

— Parce qu'il m'a renvoyée au bout d'un mois, tandis qu'il était resté six semaines avec Pauline, qui ne me vaut pas!

— C'est tout simple: Pauline se laissait battre.

— Fallait qu'il me batte et qu'il me garde!

*** Tiens, Brididi te salue; tu le connais donc?

— C'est mon ami intime!

— Oh! dis-lui donc qu'il me salue aussi, hein?

*** — Madame, aimez-vous le bal?

— Mon Dieu, monsieur, c'est la première fois que j'y viens!

*** — Dites donc, Timothée, vous sortez un peu de votre rôle d'homme grave. Vous venez de polker, mon bon. Je vous ai vu.

— J'ai la vue basse; de loin, je ne distinguais pas les groupes. Comme ça, j'observe de plus près.

— Quelle conscience!

*** — Comme j'ai perdu Léon à cause d'Emile, j'ai été forcé de reprendre Arthur. Tu conçois, n'est-ce pas mon petit Jules?

*** *Le poète.* — Sur ma parole, voilà deux bien jolies personnes! Madame, voulez-vous, etc.

*** — Seras-tu chez toi demain?

— Non; demain, c'est les martyrs de juillet. Tu sais : on rigole !

*** *Légende pour un croquis de pugilat à la Téniers.*

Un monsieur. — Frapper ainsi une femme! monsieur, vous êtes un drôle !

La femme. — De quoi vous mêlez-vous? c'est mon époux, il a le droit de me cogner, entendez-vous, grand serin ?

Le monsieur, à l'amant. — Monsieur, vous plaît-il que je vous aide?

*** *Le poète.* — Mademoiselle, voulez-vous me permettre d'allumer ma cigarette, etc.

*** — Rita, qui aimez-vous mieux de Jules ou de Stéphen?

Pas de réponse.

Rita aime toujours mieux celui qui viendra.

*** *Dans un bosquet.*

— Ma chère enfant, acceptez mon coupé et une mayonnaise au café Foi.

— Mais, monsieur, laissez-moi, je vous en prie. Vous me compromettez.

— Ah! ah! c'est Timothée! on est galant, mon cher, dans votre état.

— Que voulez-vous, mon cher! j'observe, et voilà tout.

LES HOMMES.

n ne peut nier que la plus laide moitié du genre humain est très-bien représentée au jardin Mabille. La cravate blanche y est presque d'uniforme. On y voit la crême de la lionnerie avec ses chapeaux gris, ses petit souliers, ses paletots blancs et ses faux-cols suraigus. Les gens graves, pairs de France, généraux en retraite, avoués et avocats y pullulent.

Les acteurs sont fort rares, mais peu demandés.

M. Grassot ne vient polker que le dimanche.

Les journalistes abondent, et M. Théophile Gautier, qui demeure à deux pas de là, dans le quartier Beaujon, vient quelquefois faire un tour de jardin pour avoir l'occasion de faire prendre le frais à son américaine et à son petit cheval.

LES FEMMES.

uestion grave ! Il y en a de toutes les couleurs et de toutes les espèces, des brunes, des blondes, des blanches et des quarteronnes; des belles, des jolies, des médiocres, des laides, des grasses, des maigres, des grandes et des petites; elles y sont plus ou moins respectées, aimées ou choyées; et elles mettent une grande réserve dans leurs relations avec ceux des promeneurs qui leur sont inconnus.

Point d'argent, point de Suisse. Toutes les femmes sont Suissesses.

Les femmes acquièrent du prix dans le monde galant, dès que, par le nombre et la qualité de leurs amans, elles ont fixé l'attention publique, c'est-à-dire qu'on les paie fort cher dès qu'elles ne valent plus la peine d'être regardées.

Elles ont pour coutume de marcher deux à deux, une belle et une jolie, ou bien une jolie et une piquante, une passable et une médiocre, une médiocre et une laide.

Cette combinaison varie à l'infini.

La belle ressort mieux par le contact de sa compagne, et la laide reçoit quelque lustre du voisinage de la beauté. En effet, telle femme qui

n'est passez jolie pour être la *belle* d'un couple est une *laide* très-comfortable.

Ne vous attaquez jamais à une femme seule.

Une femme seule attend toujours quelqu'un.

Mogador.

« C'est le jeudi 26 septembre 1844, à neuf
» heures du soir, que la brune MOGADOR reçut
» son nom et sa couronne. Elle était élancée
» comme une guêpe, flexible comme une bran-
» che de saule, vive comme une linotte ; sa robe
» prune de monsieur, moulée sur des formes
» splendides, était d'une simplicité que relevaient
» agréablement mille fantaisies artistes, telles
» que brandebourgs, cordelières, aiguillettes et
» nœuds de rubans (1). » Depuis, Mogador a
vu monter sa renommée, et la fortune l'a com-
blée de ses faveurs. Mais la passion du théâtre la
tient au cœur ; elle a traversé l'Hippodrome et le
théâtre Beaumarchais pour arriver aux Délasse-
mens-Comiques. Bientôt nous la verrons aux Va-
riétés, jouer Zéphirine des *Saltimbanques*. Céleste
a deux qualités précieuses : de l'entrain, de la
verve, et beaucoup de naturel ; elle réussira.

(1) Extrait des Mémoires du Temps.

Frisette.

Frisette est toujours jolie, mais elle maigrit sensiblement. Les bals de l'Opéra l'ont fatiguée ; il nous semble la voir encore avec son ravissant costume de jockey et sa casquette mipartie de velours cerise et de velours blanc. Frisette n'a guère que quatre toilettes, mais chacune coûte d'un prix fou ; la première est de moire blanche ; la seconde est de moire bleu ; la troisième de moire jaune, et la quatrième de moire verte. Sous ce dernier costume, la petite frimousse appétissante et bistrée de Frisette la fait ressembler à une noisette cachée sous son calice vert.

Autres Portraits.

Victorine ou *Léonie*, dite *la Constitutionnelle*, ou bien encore *madame la baronne de Biaritz*. Nous ne savons pas trop ce que Victorine peut avoir de constitutionnel ; peut-être est-elle attachée à la rédaction du journal de ce nom. Sa baronnie est à Biaritz, dans les Pyrénées, où elle était allée prendre les eaux. Les noms de ville ont toujours plu aux femmes ; il y a à Paris une centaine de marquises de Valence, de Blois, de Tours, etc.

Ninie, une très-jolie femme au nez un peu recourbé, aux yeux fendus en amande, au teint pâle, à la danse légère.

Arsène Chaumont, dont l'élégance et la beauté sont connues et appréciées depuis plus de quinze ans.

Laure Levavasseur, qui a dépensé plus de cent mille francs en tapis, en rideaux, en glaces et en pastels pour meubler sa chambre à coucher. Mme Levavasseur a le défaut intime de chanter trop le grand air de Robert-le-Diable, et de ne pas le savoir assez.

Jenny, la grasse et blonde Jenny, qui fait rêver aux femmes de Rubens ;

Zoé, un pastel de Greuze, dessin de Gavarni ;

Feuille-de-Rose, dont la danse transcendante et les yeux toujours perdus dans la contemplation d'un idéal inconnu ont de si voluptueuses langueurs que les sergens de ville s'en pâment dans les bras de l'inspecteur des mœurs ;

Et *Rita* l'Espagnole, native de Bordeaux ;

Et la grande *Pauline*, l'orgueil et la joie de Chicard ;

Et *Pauline Aigle de Berg ;*

Et *Pauline la Folle* ;

Et *Angélina*, qui jadis se jeta par la fenêtre et ne s'en porta que mieux ;

Et *la baronne de Pallandt ;*

Et *madame Rumilly*, la fausse Mogador, comme il y a le faux Brididi ;

Et *Joséphine*, que nulle ne surpasse quand il s'agit de conduire un cheval dans la carrière ; Joséphine, dont les fines jambes ont joué la comédie sur tous les théâtres de Paris ;

(C'est ici le lieu de remarquer que le jardin Mabille est le conservatoire où se recrute l'Hippodrome. Céleste, la divine, l'incomparable Céleste Mogador, la grande Louise, Coralie, Joséphine, Blanche, Marguerite Deschamps (serait-ce un calembour ?), Louise Lasalle (ceci n'en est pas un), Lucie, Hortense, et toutes les célébrités de l'Hip-

podrome, ont débuté sur l'arène de l'allée des Veuves. Entre la danse et l'équitation, il n'y a que l'épaisseur d'un cheval.

Et *Marie Delille*, à la figure de vierge ! Par exemple, nous nous étonnerons toujours que l'horrible caricature ci-contre, dessinée par M. Montjoye, puisse cependant ressembler à cette jolie femme. Dieu est grand !

Comme nous ne pouvons pas tout citer, nous prions les anges que nous passons sous silence de nous pardonner cette omission. Nous ne les en estimons pas moins très-jolies, très-aimables, et surtout très-aimées.

LA DANSE.

oin de la danse échevelée, dé-
colletée, de la danse chicarde
et de la danse balocharde ! On
s'est bien réformé. La danse
a eu ses Luther, qui ont aboli
les abus, et ses Lacordaire,
qui ont essayé d'introduire
dans le dogme chorégraphi-
que des élémens nouveaux. Aujourd'hui le par-
fait danseur doit être un peu clown. Il doit ga-
lamment trottiner sur la tête, et, comme dans un
duel, présenter constamment à l'œil de son ad-
versaire la pointe... de son soulier.

Les femmes se contentent de chercher l'é-
légance et la grâce, et doivent uniquement leur
renommée à ces qualités plus ou moins déve-
loppées. Mogador, qui ne danse plus qu'aux Dé-

lassemens-Comiques, était une valseuse pleine
de charmes. — Frisette et Rigolette exécutent
souvent des chefs-d'œuvre de danse et de polka.
Louise, Maria, Nini prendront place un jour parmi les déesses les plus fêtées.

Mais le roi reconnu, le roi proclamé de la
danse, c'est Brididi, un assez joli petit jeune
homme, qui prend son rôle fort au sérieux et qui
distribue à sa cour en gants
blancs des poignées de
main vraiment royales. Ce
n'est pas que Brididi danse réellement. Brididi ne
danse pas : c'est un excen-
trique. Il est célèbre plutôt
pour ce qu'il pourrait faire
que par ce qu'il fait. Mu-
sard lui a dédié un qua-
drille que tous les adep-
tes savent par cœur. Le
pas du meunier lui est surtout sympathique. Ce

pas consiste à marcher peu ou point en faisant tourner un bras parallèlement au corps comme une aile de moulin à vent. Quant tout le quadrille l'exécute, on a un souvenir de la butte Montmartre. Rien n'y manque, pas même les ânes.

Brididi a surtout le génie de la mystification. Il prend un temps, s'élance comme s'il allait exécuter un allégro, puis il s'arrête, tourne le dos à sa danseuse, et se met à contempler le ciel. Si des curieux le suivent dans le bal, il organise un quadrille, laisse la foule s'amasser, puis tout à coup il se glisse et disparaît. *Fugit ad salices!*

Rien ne manque à sa gloire, rien, pas même la parodie. Nous donnons ici le portrait d'un jeune homme dont toute l'ambition est de ressembler à Brididi. Arrangement de costume, vêtemens, gestes

et discours, rien n'y manque. Mais ce faux Brididi n'a rien de l'originalité ni de la vigueur de son émule, et quand Brididi, dans un jour de verve, triomphe de ses rivaux en dansant sur l'occiput, le faux Brididi ne peut s'empêcher de verser quelques larmes, qui, comme chacun sait, sont le plus bel hommage que puisse recevoir le génie.

Un splendide quadrille, c'était celui de Frisette et de Rigolette, ayant Brididi et Paul Piston pour partenaires. C'était beau, simple, aisé; on sentait que ces quatre sujets de *primo cartello* se connaissaient intimement, et qu'ils étaient sûrs de leurs effets comme des danseurs de l'Opéra à la soixantième répétition. Brididi, ce moulin perpétuel, a des aîles si vigoureuses! Frisette possédait un sourire si pénétrant! Paul a un coup de pied si vainqueur, et Rigolette un si voluptueux saut de carpe ! Les admirateurs étaient nombreux, passionnés , enthousiastes. Ils s'intéressaient à cette lutte de ronds de jambes , à cet assaut de *lancés* vigoureux, comme des Anglais sur le turf héroïque d'Epsom. Ils se fussent arraché et partagé le chapeau de Brididi , les cheveux de Frisette, les dents d'émail de Rigolette et les moustaches de Paul. C'était beau et complet comme ces ballets où le directeur du Queen's-Theatre réunit Taglioni, Elssler, Lucile Grahn et Fanny Cerrito.

Ces beaux spectacles, comme les aurores boréales, durent l'espace d'une nuit d'été. Le pacte artistique qui unissait ces quatre étoiles a été déchiré. Frisette encourut l'anathème de Brididi, et ce pape de la chorégraphie lança sur sa tête une bulle d'excommunication. Pendant quinze jours, chose inouïe, Frisette manqua de danseurs ; Paul Piston la boudait ; Brididi la méconnaissait, et le faux Brididi l'accablait de ses dédains.

Plus de triomphes, plus d'applaudissemens, plus de couronnes pour la pauvre Frisette, triste comme Mlle Falcon le jour où sa voix se brisa. Aussi n'est-il pas d'intrigues souterraines qu'elle n'ait ourdies pour capter une contredanse ou une simple polka de son ancien maître et seigneur. L'élection Drouillard et la drouillardise Boutmy ne sont que des tragédies de l'Odéon, comparées

à ces manœuvres machiavéliques qui ont enfin réussi. La réconciliation est complète.

Dans sa colère, l'implacable Brididi a sacré une nouvelle reine, la petite Maria, qui a été intronisée sous le nom de *Marionnette.* C'est une petite femme très-brune, très-vive, très-jolie, avec de grands yeux noirs et des joues dorées, qu'accentue un signe noir extrêmement original. Son nom de

Marionnette est légitimé par sa danse, composée de bonds irréguliers et d'inclinaisons impossibles, qui donnent à penser qu'une main invisible la tient au bout d'un fil. Elle saute à droite, à gauche, en arrière, la tête à quelques pouces du sol et les jambes à trois pieds de terre; puis elle se relève, pousse un éclat de rire très-franc, accroche son lorgnon dans l'orbite gauche, et regarde l'assemblée avec un petit air dédaigneux.

L'inspecteur des mœurs arrive quelquefois à temps pour arrêter le pied de Marionnette et celui de Mlle Pauline, son amie, au moment où il s'apprête à dépasser le niveau fixé par les lois.

— Vous ne danserez pas comme cela ici dit le vertueux fonctionnaire. Je ne le souffrirais pas !

— Laissez-donc ! M. Victor me l'a permis; je suis en règle. Ne vous faites donc pas de mal !

— Je vous dis que vous ne recommencerez pas. Non, quand même vous seriez dix fois plus jolie ! crie l'inspecteur en faisant le geste de s'arracher une poignée de cheveux. Je ne suis pas méchant, moi ! faites de singeries ; mais lever le pied , jamais !

En voyant l'exaspération croissante de l'inspecteur, Marionnette crie avec humeur :

—C'est donc ici un pensionnat de demoiselles? pourquoi ne nous force-t-on pas à avoir des socques et un parapluie? Je m'ennuie, moi. Dis donc, Pauline, viens chercher du tabac.

Aller chercher du tabac veut dire remplacer le chassez-croisé final par une promenade deux à deux à pas précipités. Marionnette continue à lorgner le public; et Mlle Pauline s'écrie : C'est très-désagréable, ces choses-là ; car enfin, moi, je ne suis pas *comme les femmes!* j'ai une position !

Voici l'un des danseurs les plus infatigables : c'est un gros monsieur que l'on dit américain, et que nous croyons Piémontais, c'est-à-dire fumiste. La postérité jugera.

Parmi les danseurs émérites, il faut citer Chi-

card, le grand Chicard, que quelques-uns appel-
lent le vieux Chicard. Ce débris
d'un monde qui n'est plus exécute de temps à autre son célèbre pas d'ours avec accompa-
gnement de grognemens et de
pattes. Chicard, qui, malgré son
âge, conserve une certaine ver-
deur, jette sur ses danseuses un
regard diabolique qui les fas-
cine et leur inspire une ivresse
pareille à la danse de Saint-Guy.
On croirait voir Frédérick-Le-
maître au temps heureux où il
dansait la valse de Faust.

Clara Fontaine, après avoir professé la polka,
vient de se faire soubrette au théâtre des Bati-
gnolles.

Citons encore Rigolette, qui a emprunté son
surnom au roman d'Eugène Suë et à la blancheur
éclatante de ses dents, qu'elle montre très-vo-

lontiers, au milieu d'un frais sourire. Si quelqu'un prétend que la vignette
d'à côté ressemble à Rigolette; nous déclarons d'avance
que c'est un mensonge af-
freux, et que son auteur mé-
rite le dernier supplice. Nous
espérons que cette déclaration
sincère écartera de nous tout
soupçon de complicité.

Paul Piston est un bon garçon assez dodu, qui
polke mieux que le président
Polk lui-même; qui, comme
chacun sait, a inventé la polka.
Les aspirantes à la célébrité se
mettent volontiers sous sa
tutelle, et il a beaucoup con-
tribué à l'avénement de Marionnette. Un compositeur plein
d'originalité et de talent, Louis
Croharé, a composé une polka

tout exprès pour Marionnette, dont elle porte le nom et l'image lithographiée. Cette polka est dédiée à Paul. (Lisez Paulk.)

Les Reines.

Élise-Rosita Sergent laisse la couronne en suspens; sa sœur la réclame, dit-on, comme une partie de l'héritage. Mlle Camille Sergent, dite la Merluche, pense-t-elle qu'il n'y ait qu'à dire : Je le veux ?

Où sont ses titres ? Où sont ses droits ? Par quels services s'est-elle signalée ? Quelle danse nouvelle a-t-elle mise en vigueur? Où sont ses jambes ? Qu'elle les montre et qu'on juge.

Il n'est pas donné à tout le monde de trouver une couronne sous les pas d'une polka. Il est même probable que le royaume de la redowa va tomber en démocratie. Après ce Charlemagne en jupons qu'on appela Pomaré, nous ne voyons pas qui pourrait sérieusement aspirer à l'empire.

Des lions à dix-neuf sous et des sportsmen à vingt-neuf ont essayé de sacrer Camille Sergent, dite la Merluche, sous le nom de Pomaré II.

Ceci rappelle une plaisanterie de collége :

— Donnez-vous donc la peine de vous asseoir.

On retire la chaise par derrière, et patatras.

Si la couronne de Pomaré ne reposait pas avec elle dans la tombe, si l'on n'avait pas enterré l'Empire avec l'Empereur, nous hésiterions longtemps .

entre Lucia, à la jambe d'acier, et Marie Mally, la suivante mélancolique du *Camp du Drap d'Or.* Lucia a le jarret nerveux, le pied cambré, la taille fine, le nez mince et teint pâle ; elle fait résonner le sol sous ses bottines à talons ; elle a dans l'avant-deux ces airs de tête et ces soubresauts pleins de promesses, qui illustrèrent la danse de Pomaré ; mais Marie a tant de grâce et de réserve, elle polke avec une si langoureuse chasteté ; que Salomon lui-même n'oserait pas prononcer son verdict. Si Marie cavalcade à l'Hippodrôme, Lu-

4

cia joue la comédie au théâtre Chantereine ; Marie a du talent en selle ; Lucia en aura sans doute en scène. Pour terminer ce parallèle, ajoutons que Lucia consomme énormément de verres d'eau — en cristal ou en verre de Bohême du prix de six louis, style gentilhomme ; de cent vingt francs, style boursier ; de quarante écus, style Voltaire ; et de cent vingt balles, style dansant ; tandis que Marie, moins fastueuse, préfère une simple bague, émeraude, rubis ou diamant.

Mme Panache ne quitte pas son chapeau à plumes, même en été, de peur de ne plus ressembler à sa lithographie par Alophe ; Mlle Maria continue à rouler ses cheveux en énormes cocardes, et à tenir ce langage au sportsman ci-contre, qui lui offre un bouquet :

— Combien ça vous coûte-t-il ?

— Sept francs.

— Eh bien ! donnez-les moi ; j'aime mieux ça !

À part les grandes renommées , à qui tout est permis, la danse est modeste et sévère au jardin Mabille. C'est plutôt un lieu de promenade et de réunion, une sorte de Prado espagnol, où s'échangent des œillades, où s'ébauchent des liaisons fugitives, où l'on vient pour voir des figures amies et des toilettes brillantes, et surtout où l'on vient être vu. Le luxe grave et majestueux du jardin ont influé sur la tenue des promeneurs et sur leur qualité. — Quelques femmes du monde et du meilleur monde y font des apparitions assez peu mystérieuses, comme la bonne société d'autrefois ne se faisait aucun scrupule d'aller à Tivoli. C'est à un degré au-dessus du Ranelagh, plus brillant et plus animé.

Les Étoiles filantes.

algré qu'on en ait, et quelle
que soit la beauté, la jeu-
nesse et la vogue, il faut
payer son tribut à la nature.
Malherbe l'a dit fort con-
grument en vers devenus
trop classiques. Chaque an-
née le monde dansant fait
quelque perte déplorable.
C'est en 1847 que la France
a perdu la pauvre Pomaré.
Marie Duplessis l'avait précé-
dée de quelques jours seule-
ment. Il faut compter aussi
parmi les disparus, qui heu-
reusement ne sont pas morts,
Maria, la célèbre Maria de la
Chaumière, qui est devenue
comtesse ; et le célèbre Abd-

el-Kader, qui fit l'an passé les délices du Mabille d'été et d'hiver, et que des raisons quasi-politiques tiennent désormais dans une retraite absolue.

La présence de Bou-Maza n'a pas été sans influence sur sa détermination. Le bey de Tunis, l'ambassadeur marocain et tous les Méhémet-Ali qui nous visitent à la queue lou-lou avaient aigri le caractère du célèbre chorégraphe. Pour le contrarier jusqu'au bout, nous mettons en regard de son portrait celui d'un prince oriental qui désire garder l'anonyme. Qu'on l'appelle Bou-Maza, Abd-er-Rhaman ou Malek-Adel, nous nous en soucions comme du dernier des Mohicans.

QUADRILLE LYRIQUE.

—

Triolets.

I.

Qu'on renomme pour leurs beautés
Maria, Ninie et Frisette!
Malgré tant de charmes cités
Qu'on renomme pour leurs beautés,
Mes yeux ailleurs sont emportés
Par le mollet de Rigolette.
Qu'on renomme pour leurs beautés
Maria, Ninie et Frisette!

II.

Pourquoi donc porter un lorgnon,
O charmante Marionnette?
Cela vous donne un air grognon.
Pourquoi donc porter un lorgnon?
Pour guigner votre pied mignon,
Le public prend-il sa lorgnette?
Pourquoi donc porter un lorgnon,
O charmante Marionnette?

III.

Vous aviez fâché Brididi,
O folle et perfide Frisette !
Au bal d'Enghien, un mercredi,
Vous aviez fâché Brididi.
Vous le calmâtes un mardi
En lui faisant une risette.
Vous aviez fâché Brididi,
O folle et perfide Frisette !

IV.

Que je sois à l'instant pendu
Si Mogador n'est pas Céleste !
Vestris en jupon m'est rendu,
Que je sois à l'instant pendu !
Dans un pas un peu défendu,
Comme sa jambe est fine et leste !
Que je sois à l'instant pendu.
Si Mogador n'est pas Céleste (1) !

(1) La vérité, l'auguste vérité, rien que la vérité nous oblige à reconnaître que ce quatrième triolet est dû à M. J. Montjoye, qui ne s'est pas contenté d'illustrer de son crayon le présent petit livre, et qui cumule avec le pinceau d'Apelles le chalumeau de Tityre. *Ut pictura poesis.*

LE DIMANCHE.

Deux fois par semaine, le dimanche et le jeudi, on voit poindre au bal Mabille quelques femmes honnêtes. La bonne société appelle cela les vilains jours.

Mais, ce qui est le trait caractéristique de ces jours prohibés, ce qui leur donne un aspect tout à fait original, c'est la présence d'un certain nombre de pères de famille, qui amènent leur femme, leur fille et leurs trois fils pour voir les becs de gaz, et qui s'étonnent de tout, et qui admirent de toutes leurs forces les exercices du faux Brididi. Les femmes de comptoir s'exclament tout haut lorsqu'une jambe un peu trop carrément enlevée vient effleurer les barbes de leur bonnet.

— Comme ces femmes-là sont indécentes ! disent-elles.

Pendant ce temps-là, son bambin, coiffé d'un chapeau à la Henri IV, essaie un petit balancé que Chicard ne désavouerait pas.

Un couple assidu le dimanche et remarquable parmi la foule sans nom, c'est un petit jeune homme appelé l'Amour, qui fait danser une jeune femme que nous appellerons la *Mariée*, à cause de son éternel bouquet blanc. Ils trouvent moyen de se distinguer en faisant vis-à-vis à la grande Pauline , et méritent les applaudissemens d'un vieux monsieur qui s'est constitué le juge de ces tournois.

LA SORTIE.

l est onze heures du soir, l'officier de paix donne le signal du couvre-feu ; alors commence le plus étrange tumulte, la plus singulière cohue.

Les célibataires vont attendre dans l'allée des Veuves que le gibier se présente de lui-même.

A cette chasse-là, c'est souvent le gibier qui plume le chasseur.

Les gens pourvus demandent leur voiture ; c'est l'heure des confessions ; l'équipage au mois et le coupé à l'heure trahissent leur origine. Il n'y a pas moyen de faire demander par les gens de service : Le coupé de M. le marquis ou le

brake de M. le baron. On se résigne à faire appeler tout bonnement :

— Georges, de chez Bryard !

— Jean, de chez Auguste !

— Baptiste, de Bryon !

Et les jeunes vendeurs d'allumettes chimiques murmurent dans leur blouse :

— En v'là des faiseurs d'embarras avec leur équipage à quarante sous !

Les gentilshommes et les gentilles femmes qui

se piquent de parler l'argot des quartiers neufs demandent naïvement leur *boîte!* ça veut dire leur voiture.

Le peuple féminin est désormais plus accessible. Telle qui, dans le bal, ne se fût pas contentée à moins d'un duc et pair, accepte le souper d'un simple gentilhomme dès qu'elle touche le sol de

l'allée des Veuves. Arrivée au rond-point, elle descendrait jusqu'à un commis en nouveautés : si elle gagne la place Louis XV, elle cède avec joie à un épicier de septième ordre.

Enfin, le torrent s'écoule et se disperse le long des Champs-Elysées, et finit par se perdre dans

les boudoirs ravineux de la rue de l'Arcade ou
de la rue Tronchet, dans les cabinets particuliers

de Durand, du café Foy ou de la Maison-Dorée,
et dans les salons de Tortoni.

Quelquefois une voiture attend plus tard que les autres et roule vers la préfecture de police avec un municipal sur le siége et un sergent de ville en chasseur. C'est le coupé d'une pécheresse qui a battu la force armée. Il lui sera beaucoup pardonné.

Sous presse :

LE HAREM

POÈMES

PAR AUGUSTE VITU.

1 vol. grand in-8°

SILHOUETTES PARISIENNES

PAR LE MÊME,

Un fort volume, format anglais, illustré.

PARIS — IMPRIMÉ PAR E. BRIÈRE, RUE SAINTE-ANNE, 55.